AHHHH
I'M SO BORED!

Activity Book for Teens

This Book Belongs to

_____

›MADE BY TEENS‹

Girls Rule

WELCOME AND THANK YOU
FOR PURCHASING THIS PAPERBACK BOOK

For more from Gamer Girl Pro and the Made By Teens Series use this QR code here!

Serious Note

Gamer Girl is not responsible for any other form of this books binding outside of the perfect binding type Amazon offers for our books. Spiral bound or any other form outside of the paperback was not created or product tested by Gamer Girl. We take product reprint or rebinding very seriously and will be looking into this matter to make sure our customers get the best for the best price.

We will never ask you to pay more than the listed paperback price no matter the binding type.

We want our books to be affordable for all!

Instructions

Make a mess of this book!

Play with your friends or alone to pass the time.

Each game has individual instructions.

Solutions to puzzles are in the back of the book

Most of all have fun!

Mash
The Fortune Teller game
The name comes from the words:
Mansion, Apartment, Shack, House

1. List 4 to 5 options for each category while picking a terrible last option for each.
2. You can have a friend draw a spiral in the dedicated circle or if you are alone, close your eyes while you draw your spiral. Randomly stop and count the number of spiral lines. This number will be your magic number you can put in the heart.
3. Count through each of the categories until you reach the magic number.
- Start from the M at the top and moving clockwise counting each option until you reach the magic number.
 - Cross off the options you have landed on until you reach one remaining option. Do this for each category leaving one for each.
4. Read each category revealing your fortune!

Ever ♡r Never

This game is about getting to know your friends and sharing your experiences.

1. There are 20 experience questions. Read each question out loud. Each person has to answer yes or no.
2. For every yes answer you receive an experience point. Whether the experiences are good or bad does not matter.
3. The person with the most experience points wins!
4. To enhance the game, randomly select a person to share the experience they had for each question.

X & ♡'s Tic Tac Logic

Tic Tac Logic is a single player puzzle based on tic tac toe.
Each puzzle consists of a grid containing X's and O's in random places.
The object is to place an X or O in the empty squares so that

1. There are no more than 2 consecutive X's or O's in a row or column.
2. The number of X's is the same as the number of O's in each row and column.
3. All rows and all columns are different.

Word Search

1. There are 15 words to find in each search. These words can be horizontal, vertical, diagonal, and backwards.
2. Sometimes there will be 2 words put together; in this case the space was deleted in the search.
   Example: Pep Rally in the search will be PEPRALLY

Sudoku

Sudoku is a single player logic puzzle using numbers. You are given a 9x9 grid with numbers in random places based off of difficulty level.
The object is to place the numbers 1 through 9 so that

1. Each row and column have numbers 1 through 9.
2. Each box: 3x3 square have numbers 1 through 9.
3. With no repeats in the same row, column, or box.

Finger Maze

Run your finger through the maze for relaxation and stress relief. Take your time and focus on the maze and your breathing.

Ever ♡ Or Never

	Yes	No

1. Been on a date?
2. Had a job?
3. Played truth or dare?
4. Watched a rated R movie?
5. Been to a football game?
6. Got straight A's?
7. Owned a pet of your own?
8. Been in detention?
9. Flown on a plane alone?
10. Played an instrument?
11. Played hooky from school?
12. Colored your hair?
13. Had a dream come true?
14. Eaten raw dough?
15. Been taught another language?
16. Gotten sick in public?
17. Played a game beginning to end?
18. Cried over a sad movie?
19. Been on a boat?
20. Taught yourself a popular dance?

Points Total:

How to Draw

Avocado

1

2

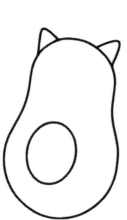

3

4

Practice

Heart Pounding Maze

1

Start

Finish

X & ♡'s Tic Tac Logic

1

	O	X				X	
O		X		X	X		X
O						X	X
				X			
	O						X
O	X		O				O
X		O		O		X	
	O				X		

2

	O	O				X	X
	O				X		
X		O		O		O	
					O		
	O		O	X		X	
					X		
X	X		O				O
O	X				X		X

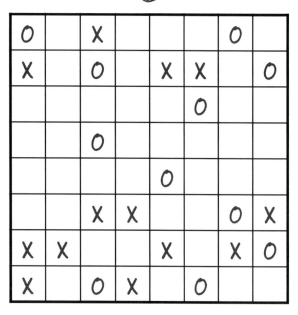

3

O		X				O	
X		O		X	X		O
					O		
	O						
			O				
	X	X			O	X	
X	X			X		X	O
X		O	X		O		

4

O		X	X				X
X	X						O
		X		O		O	
					O	X	
		X					
				X			
O	X		O			X	O
X		O		X		X	O

M.a.s.h.

MANSION-APARTMENT- SHACK-HOUSE

Celebrity Spouse

1. _____
2. _____
3. _____
4. _____
5. _____

Future Vacation Home

1. _____
2. _____
3. _____
4. _____
5. _____

Where are you Shopping

1. _____
2. _____
3. _____
4. _____
5. _____

Wedding Location

1. _____
2. _____
3. _____
4. _____
5. _____

Wedding Dress Color

1. _____
2. _____
3. _____
4. _____
5. _____

Traveling By

1. _____
2. _____
3. _____
4. _____
5. _____

Spiral Circle

Your Magic Number

Ever ♥ Or Never

		Yes	No
1.	Been to a concert?		
2.	Broke a bone?		
3.	Cooked family dinner?		
4.	Asked out a crush?		
5.	Been on TV?		
6.	Failed a Test?		
7.	Googled a crush?		
8.	Posted a video?		
9.	Left the country?		
10.	Told someone's secret to another?		
11.	Been on a rollercoaster?		
12.	Cut your own hair?		
13.	Played a sport?		
14.	Broken your parents rules?		
15.	Received an achievement award?		
16.	Been embarrassed?		
17.	Lied to a teacher?		
18.	Been to the beach?		
19.	Driven a car?		
20.	Been home alone?		

Points Total:

Word Search 1

```
H W J L T S Z X S S I K
E Q M Y A J X E I B O H
A S E X Y T I V I T C A
R G E E V I T I S O P
D N T N O F R I E N D S
D I V M O R I G I N A L
S L U M B E R P A R T Y
Z B Y H S O C N D K N B
C I S S O J J L F W J Y
F S E P P X T O G L Y N
S R H A N D S O M E O O
D B A C K P A C K R R U
```

ACTIVITY	HANDSOME	MOVIES
BACKPACK	HEARD	ORIGINAL
COOL	JOB	POSITIVE
DRESS	KISS	SIBLINGS
FRIENDS	MEET	SLUMBER PARTY

Easy

Puzzle 1

6	1					5	3	4
7			1	6	3			8
	3	9	5	4		7		6
4		1	6	7	9	8	2	
3	7	6	2	5	8	1	4	
2		8		3		6		5
			3	2	5	9		
	6				4			
5	2	3				4	8	1

Puzzle 2

	3	6		9		8	1	4
					1			9
9	1	4	5	3	8			
		1	8	4		3	2	7
4	8	3	9		7	6		1
7	2	5			3		9	8
		2			9	7	6	3
	6				4	1		5
1	5	7		8		9	4	

Puzzle 3

1	5	7	2					
		8		1			2	
		3	5	8	9	1	7	
5			1	2	3		6	
3	1	6				2		
7	9		6				1	3
6		1		9		8	5	2
4	2	5	8	6	1	7	3	9
	3		7	5	2	6		1

Puzzle 4

	6				1	7	5	3
	1	7				8	2	6
5			6	2		9		4
	7					3	9	5
3	5	4	7	9		1	6	
9			6	1	5	4	7	8
	3	2		6	9	5	8	1
6			5	3			4	
8				5		6	3	

How to Draw

Kitty Surprise

1

2

3

4

Practice

Ever ♡ Or Never

	Yes	No
1. Been ice skating?		
2. Shared a secret with someone?		
3. Spoke in front of an audience?		
4. Been given flowers?		
5. Sold something you made?		
6. Rode in an ambulance?		
7. Forgot homework on purpose?		
8. Painted your room?		
9. Bought something you regret?		
10. Wrote a poem for someone?		
11. Been to a skating party?		
12. Laughed until you peed your pants?		
13. Been in a girl fight?		
14. Cooked for your friends?		
15. Said I love you to someone?		
16. Been given or gifted a BFF charm?		
17. Babysat for money?		
18. Snowed in somewhere?		
19. Driven a golf cart?		
20. Raced go carts?		

Points Total:

X & ♡'s Tic Tac Logic

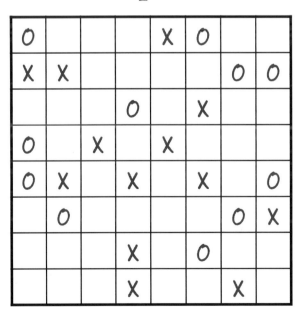

M.a.s.h.

MANSION-APARTMENT- SHACK-HOUSE

Future Spouse
1. _____
2. _____
3. _____
4. _____
5. _____

Future Pets
1. _____
2. _____
3. _____
4. _____
5. _____

Future Car
1. _____
2. _____
3. _____
4. _____
5. _____

Future Job
1. _____
2. _____
3. _____
4. _____
5. _____

Number of Kids
1. _____
2. _____
3. _____
4. _____
5. _____

Future City
1. _____
2. _____
3. _____
4. _____
5. _____

Spiral Circle

Your Magic Number

How to Draw

French Fries

1

2

3

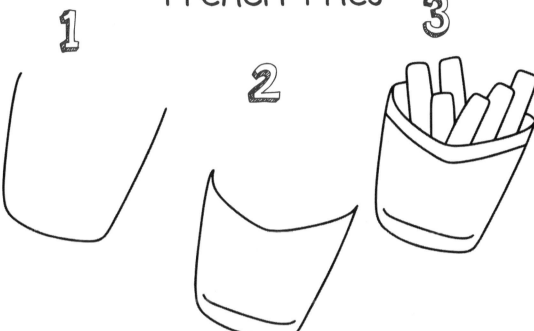

4

Practice

Word Search 2

```
P I G H S T H S U R C V
S C R A T N P M A C O O
N E A N R E J A Q H G I
E C D G O D F R O O J C
A R E O N N R T P M Y E
K E O U G E E P H E Q K
E A R T Q P E H M C K C
R M D D W E D O A O P D
S V U R K D O N D M K R
Y D S W X N M E D I P A
B O Y F R I E N D N A M
P E P R A L L Y N G Q A
```

BOYFRIEND
CAMP
CRUSH
DRAMA
FREEDOM

GRADE
HANGOUT
HOMECOMING
ICE CREAM
INDEPENDENT

PEP RALLY
SMART PHONE
SNEAKERS
STRONG
VOICE

X & ♡'s Tic Tac Logic

9

O			X			X	O
	O	X			O		
				X			O
	X				X		
X			O	X		O	
	O			X			O
	X	O				O	
		O				X	X

10

O		O		X		X	O
		O		X			
			O			O	
O	O		O			X	
				O			O
X			X	O			
O		X			X	O	
		X	O				

11

		X			O	X	
		X		O			O
		O	O		O		
O							X
O	O			X		O	
							O
X			X	O		X	
O	O			X		X	

12

				O			
	O	X			X		
O						O	X
O	X		O		O		
		X	X		X		
	O					O	
	O	X		O	X		
X		O		X			O

M.a.s.h.

MANSION-APARTMENT- SHACK-HOUSE

Celebrity Spouse

1. _____
2. _____
3. _____
4. _____
5. _____

Future Vacation Home

1. _____
2. _____
3. _____
4. _____
5. _____

Where are you Shopping

1. _____
2. _____
3. _____
4. _____
5. _____

Wedding Location

1. _____
2. _____
3. _____
4. _____
5. _____

Wedding Dress Color

1. _____
2. _____
3. _____
4. _____
5. _____

Traveling By

1. _____
2. _____
3. _____
4. _____
5. _____

Spiral Circle

Your Magic Number

How to Draw

Mermaid Tail

1

2

3

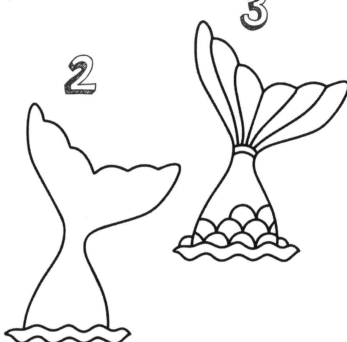

4

Practice

M.a.s.h.

MANSION-APARTMENT- SHACK-HOUSE

Future Spouse

1. _____
2. _____
3. _____
4. _____
5. _____

Future Pets

1. _____
2. _____
3. _____
4. _____
5. _____

Future Car

1. _____
2. _____
3. _____
4. _____
5. _____

Future Job

1. _____
2. _____
3. _____
4. _____
5. _____

Number of Kids

1. _____
2. _____
3. _____
4. _____
5. _____

Future City

1. _____
2. _____
3. _____
4. _____
5. _____

Spiral Circle

Your Magic Number

X & ♡'s Tic Tac Logic

13

	X		O		O	O
				X		O
			O		O	
X				O	O	
X	X				O	O
			O			
X		O		X		
O	O		X		O	X

14

		O		O		X
					O	X
		X	X			
O				O	X	
O	X		O		X	O
	O			O		O
		O	X			
X	O			X		O

15

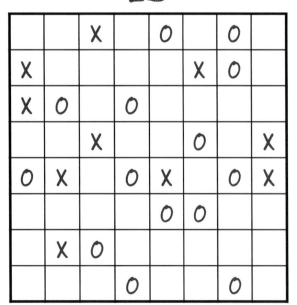

		X		O		O
X				X	O	
X	O		O			
		X		O		X
O	X		O	X		O
				O	O	
	X	O				
		O			O	

16

	X			X		O
O			X	O		X
		X	X			
X	X			X	O	
X		X	X			O	O
				O		X	X
			O			
X					O	

Word Search 3

```
H O L I D A Y A X F S B
J V L Y J E P I K S U F
K A C F C I R Y X W m H
H J n n C I A S U Y m Z
W Q A I E F C P C V E U
T D Y Y m R T I H U R P
G O P O E E I R E W L L
U n Y m V W C I E G O O
G Y A L I O E T R W V C
I G A Z T L L O T Y E K
S B U L C F W D R D G E
B m E m A G O E D I V R
```

ACTIVE	FLOWER	PRACTICE
ANIME	GAMER	SKIP
CHEER	GROW	SPIRIT
CLUBS	HOLIDAY	SUMMER LOVE
DANCE	LOCKER	VIDEO GAME

Ever ♡ Or Never

	Yes	No
1. Been to an ice show?		
2. Shared a secret talent?		
3. Been on a mountain coaster?		
4. Won a contest?		
5. Played a board game and won?		
6. Broke something on accident?		
7. Cheated on a test?		
8. Built something from scratch?		
9. Worn makeup to school?		
10. Have or had a BFF?		
11. Moved to another state?		
12. Been to work with a parent?		
13. Ate an exotic food?		
14. Seen a horror movie at the theater?		
15. Tried something that scared you?		
16. Stayed at the hospital overnight?		
17. Done chores for your parents?		
18. Been in a hurricane?		
19. Colored someone else's hair?		
20. Been to a slumber party?		

Points Total:

How to Draw

Love Potion

1

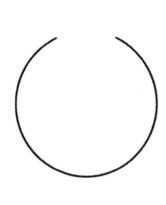

2

3

4

Practice

X & ♡'s Tic Tac Logic

17

	O	X					
X			X	O		X	
	X		O				
X		X		O		O	
		O		O		X	
O	O						X
X		O					
		O		X		O	O

18

O	X		O		X		
X	X						
		X		O		X	
	O				X		
			O			X	
				X	O		
X			X			O	O
X	O			X		X	O

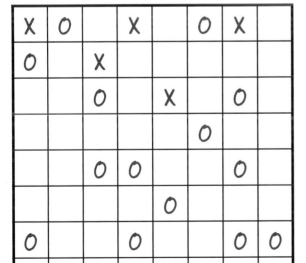

19

X	O		X		O	X	
O		X					
		O		X		O	
				O			
		O	O			O	
				O			
O			O			O	O
O	O			O		O	X

20

O		X		X	X		O
	O		X		X		
	X			X			
	X	O				X	
			O			O	O
	X				O		
X	X						O
	O					O	X

M.a.s.h.

MANSION-APARTMENT- SHACK-HOUSE

Celebrity Spouse

1. _____
2. _____
3. _____
4. _____
5. _____

Future Vacation Home

1. _____
2. _____
3. _____
4. _____
5. _____

Where are you Shopping

1. _____
2. _____
3. _____
4. _____
5. _____

Wedding Location

1. _____
2. _____
3. _____
4. _____
5. _____

Wedding Dress Color

1. _____
2. _____
3. _____
4. _____
5. _____

Traveling By

1. _____
2. _____
3. _____
4. _____
5. _____

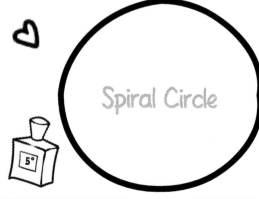

Spiral Circle

Your Magic Number

M.a.s.h.

MANSION-APARTMENT- SHACK-HOUSE

Future Spouse

1. _____
2. _____
3. _____
4. _____
5. _____

Future Pets

1. _____
2. _____
3. _____
4. _____
5. _____

Future Car

1. _____
2. _____
3. _____
4. _____
5. _____

Future Job

1. _____
2. _____
3. _____
4. _____
5. _____

Number of Kids

1. _____
2. _____
3. _____
4. _____
5. _____

Future City

1. _____
2. _____
3. _____
4. _____
5. _____

Spiral Circle

Your Magic Number

Word Search 4

```
H A S E H T O L C J C U
B O A M T H A L E U L L
K E N E R V Y Z T W E U
F X E O I G N I A Q A N
A W A N R A E Y L L R T
S D R P U V T L O P N Q
L A A R T R S I C G X X
C C F R A Z I M O F F L
A X S P H N L A H B M A
M U S I C F D F C M R U
J O U R N A L I N G W G
C O O K I E S W Z I U H
```

ART	CUTIE	LEARN
CARNIVAL	FAMILY	LISTEN
CHOCOLATE	HONOR	MUSIC
CLOTHES	JOURNALING	PARTY
COOKIES	LAUGH	SWEET

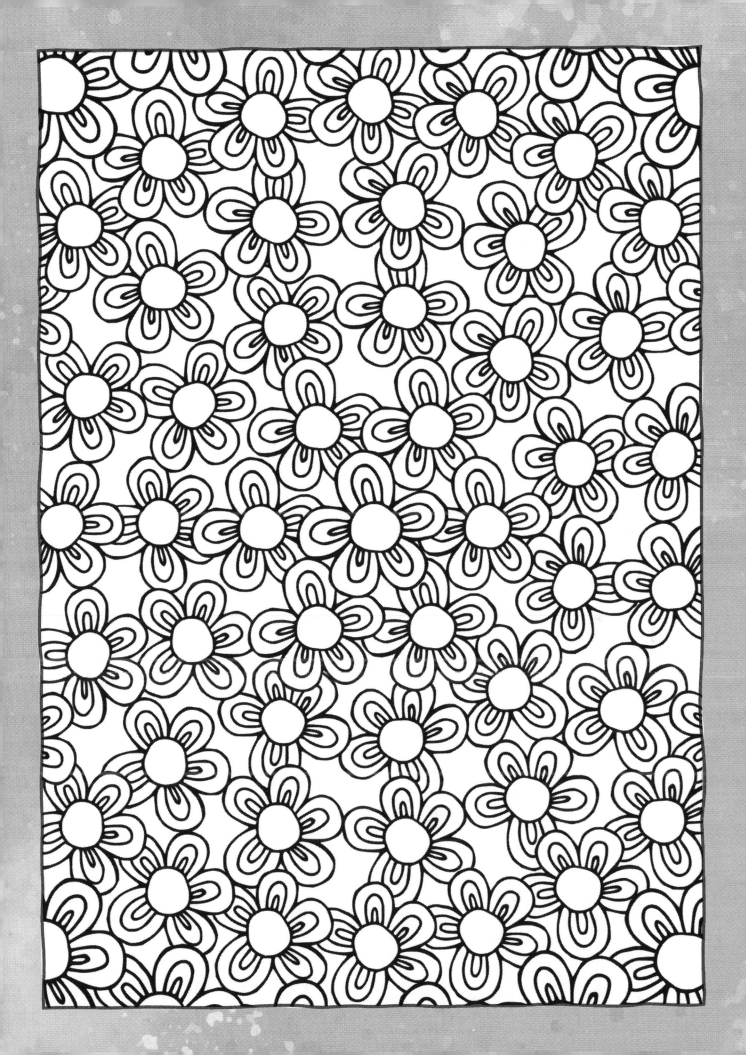

How to Draw

Busy Bee

1

2

3

4

Practice

X & ♡'s Tic Tac Logic

21

O	X			X		X	O
		X	X		O	X	
				X	X		
			X		O		O
	O				X	O	
O		O					X
	O		O	O			X

22

X						X	O
			O		O		
		O		O	X		
		O	O				
	O			O			X
O		X				X	O
O	X		X			O	
	O	X		X			

23

X		O		X	O		
O	O						X
	X	O			X	O	
							X
O		X		X		O	
			O	X			
	X					X	O
O						X	O

24

				X	O		O
			X			X	O
				X	X		
	X		O				X
X	X		X				O
X		X		O		O	
	X		O		O		
	O	X					

Ever ♡r Never

		Yes	No
1.	Your parents ever embarrassed you?		
2.	Eaten something so gross you got sick?		
3.	Moved to a new house?		
4.	Been to the principals office?		
5.	Had a spray tan?		
6.	Been to homecoming?		
7.	Had false nails put on?		
8.	Tried out for something?		
9.	Farted in front of a crush?		
10.	Been camping?		
11.	Swam in the ocean?		
12.	Cleaned a toilet?		
13.	Fought with a friend?		
14.	Been to a drive in?		
15.	Been bungee jumping?		
16.	Fallen asleep in class?		
17.	Been to a carnival?		
18.	Wrote in a diary or journal?		
19.	Waxed your eye brows?		
20.	Been to an unsupervised party?		
	Points Total:		

M.a.s.h.

MANSION-APARTMENT- SHACK-HOUSE

Celebrity Spouse

1. _____
2. _____
3. _____
4. _____
5. _____

Future Vacation Home

1. _____
2. _____
3. _____
4. _____
5. _____

Where are you Shopping

1. _____
2. _____
3. _____
4. _____
5. _____

Wedding Location

1. _____
2. _____
3. _____
4. _____
5. _____

Wedding Dress Color

1. _____
2. _____
3. _____
4. _____
5. _____

Traveling By

1. _____
2. _____
3. _____
4. _____
5. _____

Spiral Circle

Your Magic Number

How to Draw

Sleepy Koala

1

2

3

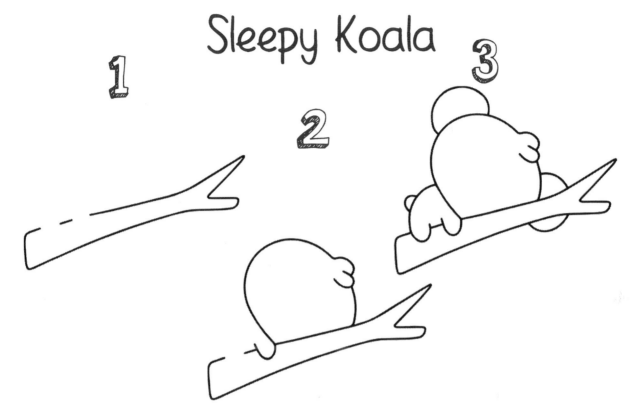

4

Practice

Word Search 5

```
H B Y Z Z R Y G A E B H
C O U L E F D I S T O E
H H B T A N O R W E O A
R S S B I H R L E H T L
J I Q K Y A D I E K S T
S V G H L D Q E T K A H
T S I U R O P O H L P C
R M P I Q S U S E O H S
O O P R E T T Y A H M B
P Y A O D Z Z Y R R D H
S J E W E L R Y T I G S
Y E A R B O O K H V D R
```

BOOTS	JEWELRY	SISTER
CAKE	KIND	SODA
GIRLIE	POPULAR	SPORTS
HEALTH	PRETTY	SWEETHEART
HOBBY	SHOES	YEARBOOK

Medium

Puzzle 1 (top-left)

8			7		6	5	4	1
2		4	9		5			7
		7	4	3	1	8	2	9
	3	6	8		7			
	2	8	5	4		9	7	
4			6				8	3
			2	7	8			
7		2	3	6		1		
3				4				

Puzzle 2 (top-right)

	9	4						
8	1			9	5		3	4
6			3	8	4	1	2	9
	4		1	2	3	7	5	6
7		1			6	9		2
	6		9			4	1	8
3	5		2		9	4		8
			4		8		6	
4	8		3			5		9

Puzzle 3 (bottom-left)

4			3			6		5
3	7	1	6	5				4
6	5	8				1	9	3
1		3	9		5		6	8
7			4		1	5		9
2	9			8	6		4	
5				7		9	1	6
8		7		9	3			
9		4			2			

Puzzle 4 (bottom-right)

2		5	4	6	3	1	8	7
	8			7			3	
7	3	1	9	2	8	6	4	
1		4	6			9		2
			1	4	5	6		
			3	9				1
	1			2	8			
8	4	2	9				5	3
3	5	9	8					6

How to Draw

Calm Owl

1

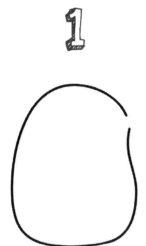

2

3

4

Practice

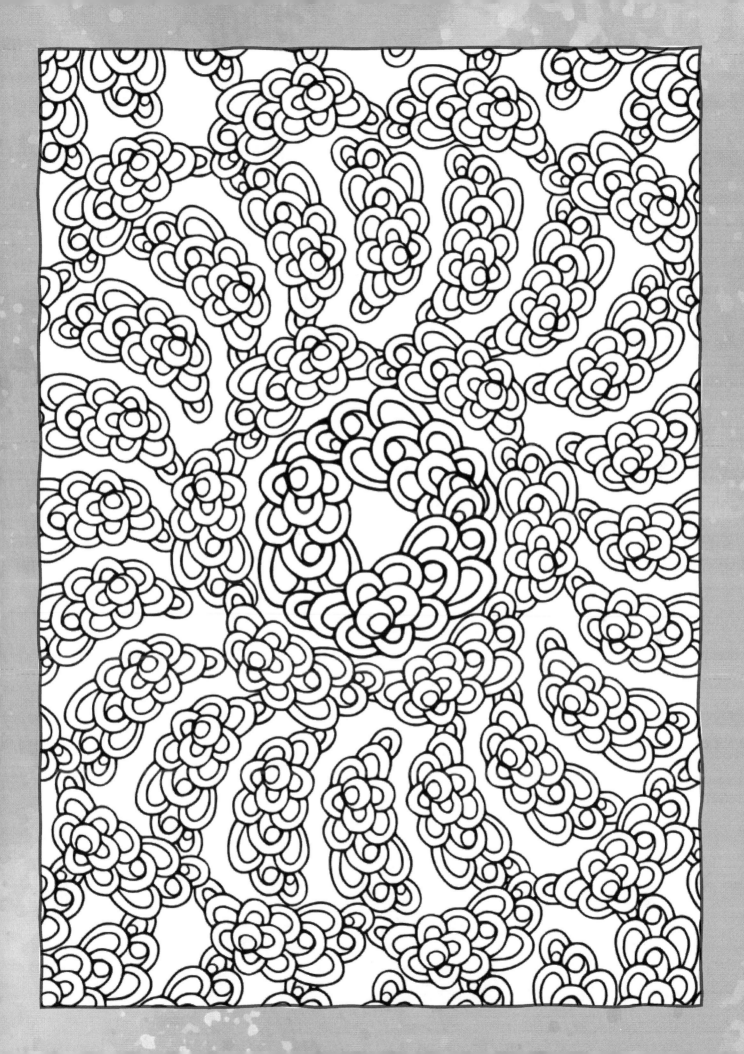

M.a.s.h.

MANSION-APARTMENT- SHACK-HOUSE

Future Spouse

1. _____
2. _____
3. _____
4. _____
5. _____

Future Pets

1. _____
2. _____
3. _____
4. _____
5. _____

Future Car

1. _____
2. _____
3. _____
4. _____
5. _____

Future Job

1. _____
2. _____
3. _____
4. _____
5. _____

Number of Kids

1. _____
2. _____
3. _____
4. _____
5. _____

Future City

1. _____
2. _____
3. _____
4. _____
5. _____

Spiral Circle

Your Magic Number

Word Search 6

E	R	A	C	N	N	H	G	W	O	M	G
I	N	S	Y	O	B	N	D	R	Y	U	C
Y	C	E	Q	R	I	H	G	G	P	L	L
W	W	I	R	P	E	A	L	L	I	Q	A
G	B	R	P	G	N	A	R	B	H	P	S
G	X	O	E	I	E	E	D	X	S	F	S
M	H	M	Z	S	N	T	J	I	D	U	E
S	M	E	D	Y	F	A	I	S	N	N	A
P	A	M	A	E	R	D	L	C	E	G	M
T	R	D	D	W	H	E	A	Z	I	P	B
C	U	O	O	A	E	K	D	C	R	M	X
A	Y	C	M	H	K	R	B	L	F	T	M

BOYS	ENERGETIC	MEMORIES
CARE	FRIENDSHIP	ORGANIZE
CLASS	FUN	PROM
DATE	GYM	READING
DREAM	HEELS	SHOPPING

How to Draw

Llama with no drama

1

2

3

4

Practice

Heart Pounding Maze

4

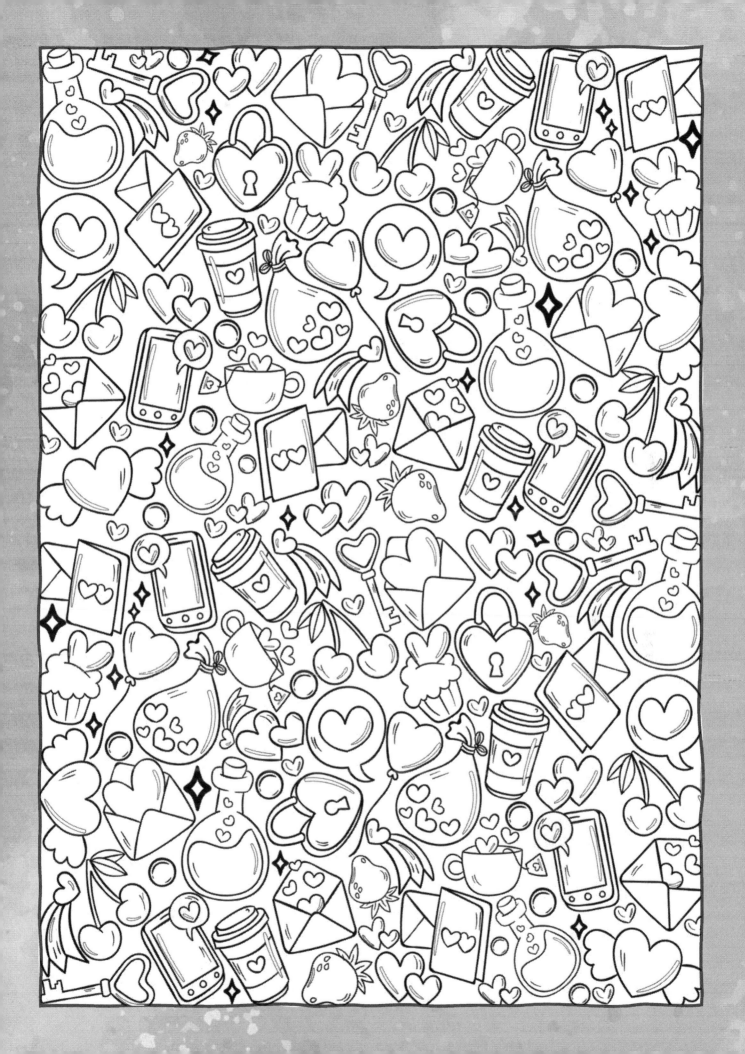

Word Search 7

```
S  S  B  W  C  Q  F  I  D  M  T  G
L  P  O  B  H  U  G  V  N  R  Q  F
E  R  O  U  I  L  T  R  A  V  E  L
E  I  K  B  F  A  Q  E  B  A  E  I
P  N  S  B  B  V  P  R  R  V  R  C
O  G  Q  L  P  I  U  J  I  C  I  C
V  B  N  E  C  T  L  T  M  T  E  E
E  R  I  T  O  S  A  Q  E  P  L  S
R  E  C  E  C  E  E  L  U  O  O  J
L  A  E  A  R  F  H  O  R  K  V  H
J  K  B  C  M  T  R  X  U  Q  E  A
B  S  X  I  A  G  N  F  T  D  D  B
```

ATHLETIC	EPIC	NICE
BAND	FESTIVAL	SECRET
BOOKS	GROUP	SLEEPOVER
BUBBLE TEA	HUG	SPRING BREAK
CREATIVE	LOVED	TRAVEL

M.a.s.h.

MANSION-APARTMENT- SHACK-HOUSE

Celebrity Spouse

1. _____
2. _____
3. _____
4. _____
5. _____

Future Vacation Home

1. _____
2. _____
3. _____
4. _____
5. _____

Where are you Shopping

1. _____
2. _____
3. _____
4. _____
5. _____

Wedding Location

1. _____
2. _____
3. _____
4. _____
5. _____

Wedding Dress Color

1. _____
2. _____
3. _____
4. _____
5. _____

Traveling By

1. _____
2. _____
3. _____
4. _____
5. _____

Spiral Circle

Your Magic Number

Hard

Puzzle 1 (top-left)

		1	5	9		6		
				1	2			7
	9	6					2	1
8			7	6	5	9	3	2
9	2	7			3	4	5	6
6				2			1	8
4	7	8						
	6			4				
1			9			6	3	

Puzzle 2 (top-right)

5				8	3			
2	4			1				5
		8			5	7	1	4
7		2		6			4	9
4	1	6		5			7	
	9	3			2			
3	2				1		5	
1	8			3		4		
		6	5	2		1	8	

Puzzle 3 (bottom-left)

3			1		5		8	
			7	8	4	3		2
4		8	6	3	2	1	5	
	3	4	2	6	9		1	
				3	7	6		
6	1				2			
	6		3					4
9	2		5				7	8
	4		9					

Puzzle 4 (bottom-right)

	6	5						
9				2				
		4		5			1	
	5				4	6	1	2
			1			8		5
	2	6	3	8	5			7
6						7	8	1
5	9	7	1	6	8	4	2	3
8				7	5			9

M.a.s.h.

MANSION-APARTMENT- SHACK-HOUSE

Future Spouse

1. _____
2. _____
3. _____
4. _____
5. _____

Future Pets

1. _____
2. _____
3. _____
4. _____
5. _____

Future Car

1. _____
2. _____
3. _____
4. _____
5. _____

Future Job

1. _____
2. _____
3. _____
4. _____
5. _____

Number of Kids

1. _____
2. _____
3. _____
4. _____
5. _____

Future City

1. _____
2. _____
3. _____
4. _____
5. _____

Spiral Circle

Your Magic Number

Word Search 8

```
C P I S S O G W E N B Y
V O G G S L E V C L E K
Z W C I M I O N C E A U
M E L A R L L V C M U K
I R W Z N L E L W Y T K
L F T V G D F I Y T I O
K U X K R W Y R F R F E
S L S C H O O L I A U E
H D E C O R A T E E L A
A T R Y O U T S H H N V
K B E S T F R I E N D D
E E F F O C E C I Q S I
```

BEAUTIFUL	GOSSIP	NEW
BEST FRIEND	HEART	POWERFUL
CANDY	ICE COFFEE	SCHOOL
DECORATE	LOVE	SILLY
GIRLFRIEND	MILK SHAKE	TRY OUTS

M.a.s.h.

MANSION-APARTMENT- SHACK-HOUSE

Celebrity Spouse

1. _____
2. _____
3. _____
4. _____
5. _____

Future Vacation Home

1. _____
2. _____
3. _____
4. _____
5. _____

Where are you Shopping

1. _____
2. _____
3. _____
4. _____
5. _____

Wedding Location

1. _____
2. _____
3. _____
4. _____
5. _____

Wedding Dress Color

1. _____
2. _____
3. _____
4. _____
5. _____

Traveling By

1. _____
2. _____
3. _____
4. _____
5. _____

Spiral Circle

Your Magic Number

How to Draw

Cute Mushroom

1

2

3

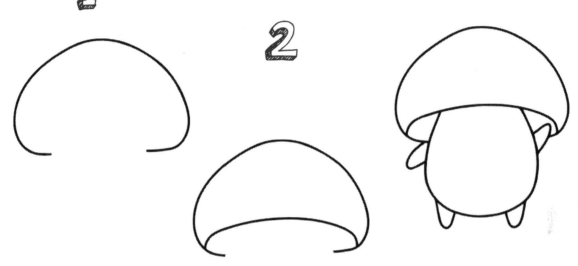

4

Practice

M.a.s.h.
MANSION-APARTMENT- SHACK-HOUSE

Future Spouse
1. _____
2. _____
3. _____
4. _____
5. _____

Future Pets
1. _____
2. _____
3. _____
4. _____
5. _____

Future Car
1. _____
2. _____
3. _____
4. _____
5. _____

Future Job
1. _____
2. _____
3. _____
4. _____
5. _____

Number of Kids
1. _____
2. _____
3. _____
4. _____
5. _____

Future City
1. _____
2. _____
3. _____
4. _____
5. _____

Spiral Circle

Your Magic Number

Solutions

X & ♡'s Tic Tac Logic Solutions

1
```
X O X O X O X O
O O X O X X O X
O X O X O O X X
X X O O X X O O
O O X O O X O X
O X O X O X O X
X X O X O O X O
X O O X O X O X
```

2
```
X O O X O O X X
O O X O X O X O
X X O X O X O O
O X O X X O X O
O O X O X O X X
X O X O X O X O
X X O O X O X O
O X X O O X O X
```

3
```
O X X O O X O X
X X O O X X O O
O O X X O O X X
X O O X O X O X
O O X X O X O X
O O X X O X O X
X X O O X O X O
X O O X X O X O
```

4
```
O O X X O X O X
X X O O X O X O
O X X O O X O X
X O X X O X O X
O X O O X O X X
O X O O X X O X
O X X O O X X O
X O O X X O X O
```

5
```
X X O O X O X O
O O X X O O X X
O X O X O X O X
X X O O X X O O
X O X O X O X O
O O X O X O X X
O X O X O O X X
X O X O X O X O
```

6
```
X O O X O O X X
O O X X O O X X
O X X O X X O O
X X O O X O O X
O O X O X O X O
O X X O O X O X
X O X O O X O X
X X O O X O X O
```

7
```
O X O O X O X X
X X O X O X O O
X O X O X X O O
O O X O X O X X
O X O O X O X X
X O X O X O O X
O X O X O X O X
X O X O X O X O
```

8
```
X O O X O O X X
O O X O X X O X
X X O X O X O O
O X O X O X O X
O X O O X O X X
X O O X O X O X
X X O O X O O X
O X X O O X X O
```

9
```
O O X X O X O X
X O X X O O X O
X X O O X X O O
O X X O O X O X
X O O X O X O X
O O X O X O X X
X X O X O O X O
O X O X O X O X
```

10
```
O X O X X O X O
X O O X X O X O
O X X O O O X X
O O X O X O X X
X O X O X X O O
X X O O O O X X
O X O X O X X O
X O X O O X O X
```

11
```
O X O X O X O X
X O X X O X O O
X X O O X O X O
O O X O X O O X
O O X X O X O X
X O X O O X O X
O X X O X O X O
O O X O X O X X
```

12
```
O O X X O O X X
X O X O O X X O
O X O X X O O X
X O X O X O X X
X O X O X O X O
O O X O X O X X
X X O X O O X O
X X O O X X O O
```

X & ♡'s Tic Tac Logic Solutions

13

X	X	O	O	X	X	O	O
O	O	X	X	O	X	X	O
O	X	X	O	X	O	O	X
X	O	X	O	O	X	X	O
X	X	O	X	O	X	O	O
O	O	X	O	X	X	O	X
X	X	O	O	X	O	X	O
O	O	X	X	O	O	X	X

14

X	O	O	X	O	O	X	X
O	X	O	O	X	O	X	X
X	O	X	O	X	O	X	O
O	X	O	X	O	X	O	X
X	O	X	O	X	O	X	O
X	O	X	X	O	O	X	O
O	X	O	X	X	O	O	X
X	O	X	O	X	X	O	O

15

O	O	X	X	O	X	O	X
X	X	O	O	X	X	O	O
X	O	X	O	X	O	X	O
O	O	X	X	O	X	O	X
O	X	O	X	O	X	O	X
X	O	X	X	O	X	O	O
O	X	O	X	O	O	X	X
X	X	O	O	X	O	O	X

16

X	X	O	O	X	X	O	O
O	O	X	O	X	O	O	X
O	O	X	X	O	X	X	O
X	X	O	O	X	O	O	X
X	O	X	O	X	O	X	O
O	O	X	O	X	O	X	X
O	X	O	O	X	O	X	X
X	O	X	O	X	X	O	O

17

O	O	X	O	X	X	O	X
X	O	O	X	O	O	X	X
O	X	X	O	X	O	X	O
X	O	X	X	O	X	O	O
O	X	O	X	O	O	X	X
O	O	X	O	X	O	X	X
X	X	O	X	O	X	O	O
X	X	O	O	X	X	O	O

18

O	X	X	O	O	X	O	X
X	X	O	O	X	X	O	O
O	O	X	O	X	O	O	X
O	O	X	O	X	O	O	X
X	X	O	X	O	X	X	O
X	O	O	X	O	X	O	X
X	O	X	X	O	X	O	O
X	O	O	X	X	O	X	O

19

X	O	O	X	X	O	X	O
O	X	X	O	O	X	X	O
X	X	O	O	X	O	O	X
X	O	X	X	O	O	X	O
O	X	O	O	X	X	O	X
X	O	X	O	X	O	O	X
O	X	O	X	O	X	X	O
O	O	X	O	X	O	X	X

20

O	X	X	O	X	X	O	O
X	O	X	X	O	X	O	O
O	O	X	O	O	X	X	X
O	O	X	O	X	O	X	X
X	X	O	X	O	X	O	O
O	O	X	O	X	O	X	X
X	X	O	X	O	O	X	O
X	O	O	X	O	X	O	X

21

O	X	O	X	X	O	X	O
X	O	X	X	O	O	X	O
O	O	X	O	X	X	O	X
O	X	O	O	X	X	O	X
X	X	O	X	O	X	O	O
X	O	X	X	O	X	O	O
X	O	X	O	O	X	X	O
O	X	O	X	O	O	X	X

22

X	X	O	X	O	O	X	O
O	O	X	O	X	O	X	X
O	X	O	X	O	O	X	X
X	X	O	O	X	O	X	O
X	O	X	O	O	X	O	X
O	O	X	X	O	X	O	X
O	X	O	X	X	O	X	O
X	O	X	O	X	X	O	O

23

X	O	O	X	X	O	O	X
O	O	X	X	O	O	X	X
X	X	O	X	O	X	O	O
X	O	X	O	X	O	O	X
O	X	X	O	X	X	O	O
X	X	O	O	X	O	O	X
O	O	X	O	X	O	X	X
O	X	X	O	O	X	X	O

24

O	X	O	X	X	O	X	O
X	O	X	X	O	O	X	O
O	O	X	O	X	X	O	X
O	X	O	O	X	X	O	X
X	X	O	X	O	O	X	O
X	O	X	X	O	X	O	O
O	X	O	O	X	O	X	X
X	O	X	O	O	X	O	X

6	1	2	9	8	7	5	3	4
7	4	5	1	6	3	2	9	8
8	3	9	5	4	2	7	1	6
4	5	1	6	7	9	8	2	3
3	7	6	2	5	8	1	4	9
2	9	8	4	3	1	6	7	5
1	8	4	3	2	5	9	6	7
9	6	7	8	1	4	3	5	2
5	2	3	7	9	6	4	8	1

5	3	6	7	9	2	8	1	4
2	7	8	4	6	1	5	3	9
9	1	4	5	3	8	2	7	6
6	9	1	8	4	5	3	2	7
4	8	3	9	2	7	6	5	1
7	2	5	6	1	3	4	9	8
8	4	2	1	5	9	7	6	3
3	6	9	2	7	4	1	8	5
1	5	7	3	8	6	9	4	2

1	5	7	2	3	6	4	9	8
9	6	8	4	1	7	3	2	5
2	4	3	5	8	9	1	7	6
5	8	4	1	2	3	9	6	7
3	1	6	9	7	5	2	8	4
7	9	2	6	4	8	5	1	3
6	7	1	3	9	4	8	5	2
4	2	5	8	6	1	7	3	9
8	3	9	7	5	2	6	4	1

2	6	9	8	1	4	7	5	3
4	1	7	9	3	5	8	2	6
5	8	3	6	2	7	9	1	4
1	7	8	2	4	6	3	9	5
3	5	4	7	9	8	1	6	2
9	2	6	1	5	3	4	7	8
7	3	2	4	6	9	5	8	1
6	9	5	3	8	1	2	4	7
8	4	1	5	7	2	6	3	9

Medium Solutions

8	9	3	7	2	6	5	4	1
2	1	4	9	8	5	6	3	7
5	6	7	4	3	1	8	2	9
9	3	6	8	1	7	2	5	4
1	2	8	5	4	3	9	7	6
4	7	5	6	9	2	1	8	3
6	4	1	2	7	8	3	9	5
7	5	2	3	6	9	4	1	8
3	8	9	1	5	4	7	6	2

5	9	4	6	3	2	8	7	1
8	1	2	7	9	5	6	3	4
6	7	3	8	4	1	2	9	5
9	4	8	1	2	3	7	5	6
7	3	1	5	8	6	9	4	2
2	6	5	9	7	4	1	8	3
3	5	7	2	6	9	4	1	8
1	2	9	4	5	8	3	6	7
4	8	6	3	1	7	5	2	9

4	2	9	3	1	8	6	7	5
3	7	1	6	5	9	2	8	4
6	5	8	2	4	7	1	9	3
1	4	3	9	2	5	7	6	8
7	8	6	4	3	1	5	2	9
2	9	5	7	8	6	3	4	1
5	3	2	8	7	4	9	1	6
8	6	7	1	9	3	4	5	2
9	1	4	5	6	2	8	3	7

2	9	5	4	6	3	1	8	7
4	8	6	5	7	1	3	2	9
7	3	1	9	2	8	6	4	5
1	7	4	6	8	5	9	3	2
9	2	3	7	1	4	5	6	8
5	6	8	2	3	9	4	7	1
6	1	7	3	5	2	8	9	4
8	4	2	1	9	6	7	5	3
3	5	9	8	4	7	2	1	6

Hard Solutions

2	8	1	5	9	7	6	4	3
5	4	3	6	1	2	8	9	7
7	9	6	8	3	4	5	2	1
8	1	4	7	6	5	9	3	2
9	2	7	1	8	3	4	5	6
6	3	5	4	2	9	7	1	8
4	7	8	3	5	1	2	6	9
3	6	9	2	4	8	1	7	5
1	5	2	9	7	6	3	8	4

5	7	1	4	8	3	6	9	2
2	4	9	6	1	7	8	3	5
6	3	8	2	9	5	7	1	4
7	5	2	1	6	8	3	4	9
4	1	6	3	5	9	2	7	8
8	9	3	7	4	2	5	6	1
3	2	4	8	7	1	9	5	6
1	8	5	9	3	6	4	2	7
9	6	7	5	2	4	1	8	3

3	7	2	1	9	5	4	8	6
1	5	6	7	8	4	3	9	2
4	9	8	6	3	2	1	5	7
7	3	4	2	6	9	8	1	5
2	8	5	4	1	3	7	6	9
6	1	9	8	5	7	2	4	3
5	6	1	3	7	8	9	2	4
9	2	3	5	4	1	6	7	8
8	4	7	9	2	6	5	3	1

7	6	5	4	3	1	2	9	8
9	8	1	7	2	6	3	5	4
2	3	4	8	5	9	1	7	6
3	5	8	9	7	4	6	1	2
4	7	9	6	1	2	8	3	5
1	2	6	3	8	5	9	4	7
6	4	2	5	9	3	7	8	1
5	9	7	1	6	8	4	2	3
8	1	3	2	4	7	5	6	9

Maze Solutions

1

2

3

4

Word Search Solutions

1

2

3

4

5

6

7

8

Made in the USA
Columbia, SC
16 December 2024

49560297R00059